You will never get anywhere

Original title: Mai no arribaràs enlloc

©2025, texts: Soledad Romero

©2025, illustrations: Alice Piaggio

©2025, original edition: Zahorí Books

Sicília, 358 1-A • 08025 Barcelona

www.zahoribooks.com

Korean language edition © 2025 by iter

Korean translation rights arranged with ZAHORI BOOKS. Barcelona,

Spain, through EntersKorea Co., Ltd., Seoul, Korea.

할 수 없어?
난 할 수 있어!

솔레다드 로메로 글 • 알리체 피아지오 그림
김정한 옮김

비난에 굴하지 않고
꿈과 성공을 이루어낸
사람들의 이야기

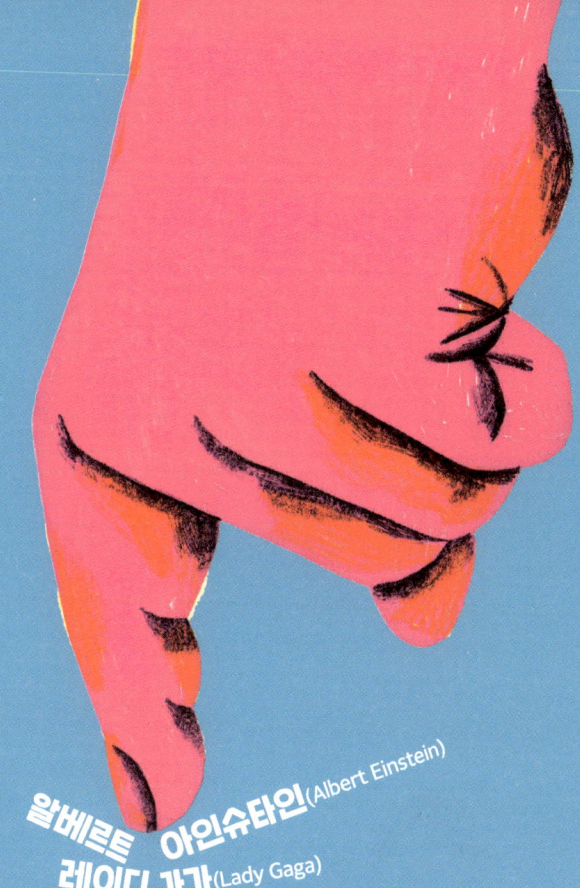

알베르트 아인슈타인(Albert Einstein)

레이디 가가(Lady Gaga)

J. K. 롤링(J. K. Rowling)

비틀즈(The Beatles)

마릴린 먼로(Marilyn Monroe)

리오넬 메시(Lionel Messi)

아가사 크리스티(Agatha Christie)

메릴 스트립(Meryl Streep)

엘비스 프레슬리(Elvis Presley)

마리 퀴리(Marie Curie)

이사도라 던컨(Isadora Duncan)

빈센트 반 고흐(Vincent van Gogh)

앨리스 기 블라셰(Alice Guy-Blache)

마이클 조던(Michael Jordan)

카미유 클로델(Camille Claudel)

안나 윈투어(Anna Wintour)

스티븐 스필버그(Steven Spielberg)

알폰시나 스트라다(Alfonsina Strada)

월트 디즈니(Walt Disney)

재니스 조플린(Janis Joplin)

토머스 에디슨(Thomas Edison)

케이트 윈슬렛(Kate Winslet)

스티븐 킹(Stephen King)

스티브 잡스(Steve Jobs)

캐서린 스위처(Kathrine Switzer)

**"너는 커서
이무것도
못할 거야."**

아인슈타인이 고등학생 때 한 선생님은
"너는 커서 아무것도 못할 거야."라는
무서운 말을 했어요.
학생이었던 아인슈타인은 상상력을
발휘할 수 없었던 딱딱한 학교 시스템과
잘 맞지 않았어요.

4

알베르트 **아인슈타인** (1879-1955)

아인슈타인은 또래 아이들보다 말을 늦게 시작해서. 가족들은 그가 혹시 말을 못 하게 되는 건 아닐까 걱정했어요. 어릴 때 아인슈타인은 보통 방식으로 배우는 걸 힘들어 했어요. 공부를 못하는 건 아니었지만 다른 아이들과는 달리 스스로 생각하고 상상할 수 있는 시간이 필요한 아이였죠. 선생님 말씀이라도 그냥 믿기보다는 "왜 그럴까?"하고 의문을 갖는 아이였어요. 독일 뮌헨에 있던 고등학교 선생님 중 한 분은 그에게 "너는 커서 아무것도 못할 거야."라고 말하기도 했어요. 대학을 졸업한 뒤에도 교수가 되는 데 오랜 시간이 걸렸고, 유명한 상대성 이론을 발표했을 때도 많은 과학자들이 처음에는 그 이론을 받아들이지 않았어요.

물리학의 천재

아인슈타인이 세상에 발표한 놀라운 물리학 이론들은 우리가 우주를 바라보는 방식을 완전히 바꿔 놓았어요. 하지만 그 당시에 그의 선생님들이나 유명한 과학자들은 아인슈타인의 생각을 잘 이해하지 못했어요. 그의 연구는 너무 새롭고 복잡했기 때문이었죠. 하지만 결국 1921년에 아인슈타인은 노벨 물리학상을 받았어요. 그때 그는 "세상을 다르게 바라보는 눈과 끝없는 호기심이 내가 꿈을 이룰 수 있었던 비결이에요."라고 말했어요.

"너는 절대
유명해질 수 없어!"

고등학교 시절에 가수 레이디 가가는 본명인
스테파니 저마노타라는 이름 뒤에 '괴짜'가
따라붙었어요. 대학교에 들어가서도 상황은
나아지지 않았죠. 같은 학교 학생들은 페이스북에
'스테파니 저마노타, 넌 절대 유명해질 수 없어'라는
이름의 헤이트 그룹을 만들기도 했답니다.

레이디 가가
(1986)

가수이자 작곡가인 레이디 가가는 10대 시절부터 뉴욕의 음악 클럽에서 공연을 시작했어요. 예술가로 자리를 잡기 위해 애쓰는 동안, 그녀는 여러 음반사로부터 "너무 연극적이다."라는 이유로 거절당했고, 뮤지컬 오디션에서는 오히려 "너무 팝스타 같다."는 말을 들어야 했죠.

2006년에 뜻밖에도 '데프 잼 레코드사Def Jam Records'와 첫 앨범 계약을 맺게 되었지만 몇 달 만에 일방적으로 계약을 취소당해요. 회사 측은 그녀가 너무 튀고 개성이 강하다는 이유로 그녀와 다시 만나려고 하지도 않았어요.

그들은 레이디 가가를 세상에 내보낼 용기가 없었던 거죠.

팝 음악계의 위대한 여왕

레이디 가가는 "안 돼!"라는 말을 들을 때마다 오히려 더 강해졌어요. 음악은 그녀를 조롱과 괴롭힘에서 구해주었고, 그녀는 포기하지 않고 계속해서 작곡에 몰두했죠. 결국 음반사 '인터스코프Interscope'와 계약하게 되었고, 마침내 데뷔에 성공했죠.

2008년 발표한 데뷔 앨범 《더 페임The Fame》과 첫 싱글 〈저스트 댄스Just Dance〉는 전 세계적인 히트를 기록했어요. 그 후에도 그녀는 여러 앨범을 발표하며 그래미상을 수상했고, 공연에서 기계 황소에 올라타는 등 독특한 스타일과 강렬한 무대 퍼포먼스로 팝 문화의 아이콘이 되었죠.

레이디 가가는 자신이 꿈꾸던 아티스트, 진짜 자신이 되는 데 성공했어요. 그녀는 사람들이 의심하고 무시할 때 절대 포기해서는 안 된다는 것을 확실히 보여주었죠.

J.K. 롤링 (1965)

《해리 포터와 마법사의 돌》을 썼을 때,
조앤 롤링은 혼자서 어린 딸을
키우고 있었기 때문에
경제적으로 매우 힘든 상황이었어요.
그녀의 책은 무려 12개의 출판사에서
거절당했고, 마침내 1997년에
'블룸즈버리 Bloomsbury ' 출판사가
책을 출간하기로 했죠. 이 결정에는
출판사 대표의 딸인 앨리스가 큰 역할을 했어요.
앨리스는 책의 1장을 읽고 나서 너무 재미있다며
다음 이야기를 꼭 보고 싶다고 아빠를 졸랐던 거죠.
하지만 출판사는 여성 작가의 책은 잘 팔리지
않을까 봐 남자인 것처럼 보이게 하려고
조앤에게 필명을 쓰길 권했어요.
그래서 'J.K. 롤링'이라는 이름이 탄생하게 되었죠.
게다가 출판사에서는 조앤에게
"동화책만 써서는 먹고살기 어려울 테니,
안정된 직장을 구하세요."라고 충고까지 했어요.

《해리 포터》 출간을 받아들인 출판사는 J.K. 롤링에게
"안정된 직장을 구하세요."라고 조언했어요.
동화책을 써서는 생계를 유지하기 어렵다고
생각했기 때문이죠.

전 세계 아이들을 사로잡은 작가

출간과 동시에 성공은 순식간에 찾아왔어요.
조앤 롤링은 잊을 수 없는 인물들이 가득한
마법 세계를 만들어내는 데 성공했고,
한 세대의 아이들을 독서의 세계로 이끌었죠.
아이들은 책을 사기 위해 서점 앞에
길게 줄까지 설 정도였어요.
수년간의 가난과 무시 속에서
살아온 조앤 롤링은 하룻밤 사이에
전 세계적으로 유명한 작가가 되었죠.
그녀가 만든 《해리 포터》 시리즈는
총 7권으로 이어지는 이야기가 되었고,
모두 영화로 제작되어 큰 성공을
거두었답니다.

"기타 그룹은 가망이 없어!"

비틀즈의 매니저인 브라이언 엡스타인은
자서전에서 "기타 그룹은 가망이 없어!"라고
데카 레코드의 인재 발굴 담당자 딕 로우가
말했다고 밝혔어요. 하지만 딕 로우는 이 말을 한
적이 없다고 끝까지 부인했죠.

비틀즈 (1960년대)

영국의 록 밴드 비틀즈는 존 레논, 폴 매카트니, 조지 해리슨, 링고 스타가 함께하며 최고의 전성기를 누렸죠. 그들은 리버풀의 전설적인 공연장이었던 '더 캐번 클럽The Cavern Club'에서 공연을 시작했고, 매니저인 브라이언 엡스타인은 이때 어떻게든 레코드사와 계약을 맺기 위해 노력했어요. 그러던 중 1962년 1월에 드디어 런던의 '데카 레코드Decca Records'에서 오디션 기회를 얻게 되었지만 결과는 형편없었죠. 데카 측은 비틀즈를 거절했는데, 이유는 밴드 사운드가 별로고, 기타 밴드는 시대에 뒤떨어지기 때문이라고 했죠.

음악계를 뒤흔든 전설적인 4인조

하지만 데카의 판단은 완전히 틀린 것이었어요.
'딱정벌레beetles'와 '비트beat 음악'을 합친 기발한
이름을 지닌 "비틀즈The Beatles"는 작곡 방식과 무대 퍼포먼스로 대중에게
큰 사랑을 받으면서 1960년대는 물론 20세기 전체를 통틀어
전설적인 밴드 중 하나가 되었죠.
그리고 리버풀의 네 명의 천재는 곧 전 세계 청춘의 상징이 되었어요.
그들의 음악은 평화와 자유, 사랑을 외치던 시대의 목소리였고,
한 세대를 대변하는 사운드트랙이었죠.

"왜 비서 일이나 **해보지 그래?"**

마릴린 먼로는 배우 경력 초반에 제대로 인정받지 못했어요.
한 모델 에이전시는 그녀를 달력 사진 촬영 모델로만 기용했고,
또 다른 곳에서는 그녀에게 남편을 찾거나,
비서 일을 알아보라고 권했을 정도였어요.

마릴린 **먼로** (1926~1962)

어린 마릴린이 배우로 첫발을 내디뎠을 때, 사람들은 그녀를 진지하게
받아들이지 않았어요. 마릴린은 다정하고, 예쁘고, 매력적이었지만
연기 수업에서는 너무 수줍고 자신감이 없어 보여서 선생님들은 그녀가
영화계에서 성공하긴 어렵다고 여겼죠. 하지만 마릴린은 그런 부정적인 말들을
무시하고, 끈질기게 노력해서 마침내 할리우드에서 첫 배역을 따냈어요.
1946년 그녀는 '20세기 폭스 영화사 20th Century Fox'와 계약을 맺고,
회사의 조언에 따라 머리를 백금발로 염색하고 지금 우리가 아는 예명인
'마릴린 먼로'를 사용했죠. 하지만 눈부신 금발과 붉은 입술을 지닌
마릴린에게는 조연이나 '멍청한 여자' 역할만 들어왔어요. 게다가 같은 영화에
출연한 남자 배우들보다 훨씬 낮은 출연료를 받아야 했죠.
심지어 대본조차 읽지 못하게 하는 경우도 있었어요.

할리우드의 아이콘

마릴린 먼로는 이런 상황에 지쳐 결국 20세기 폭스를
떠나 뉴욕으로 향했고, 그곳에서 직접 자신의 영화 제작사를 세웠어요.
이때부터 드디어 진지한 역할을 맡아 연기하기 시작했죠.
마릴린 먼로가 출연한 영화들은 점점 더 큰 성공을 거두었고,
20세기 폭스는 다시 그녀에게 돌아오라고 간청했죠.
결국 마릴린은 더 나은 출연료와 시나리오 선택권 그리고
다른 제작사와도 자유롭게 일할 수 있는
조건으로 할리우드로 다시 돌아갔어요.
이후 영화계의 진정한 디바가 된 마릴린은
남성 중심의 영화 산업에서
자신이 겪었던 학대와 부당함을
용기 있게 폭로하기 시작했죠.
마릴린 먼로는 이처럼 권력과
차별에 맞서 목소리를 냈던
시대의 선구자였어요.

"더 이상 경기를 계속할 수 없습니다."

메시는 어렸을 때부터 이미 고향인 로사리오에서
축구 선수로 두각을 나타냈어요.
하지만 성장에 문제가 생겨서 앞으로는
경기를 계속할 수 없다는 말을 들어야 했죠.
치료 방법은 있었지만 비용이 너무 비쌌고
아무도 그 돈을 대신 내주려 하지 않았어요.

리오넬 메시
(1987)

리오넬(레오) 메시는 아주 어릴 적 아르헨티나 로사리오에서 처음 골을 넣고 무척이나 기뻐했어요. 그때부터 메시는 축구를 사랑했죠. 하지만 뛰어난 축구 실력과 달리 그는 또래 친구들처럼 키가 쑥쑥 자라지 않았어요. 의사 선생님들은 메시가 몸에 필요한 성장 호르몬이 부족해서 치료를 받아야 한다고 말했죠. 하지만 이를 치료하려면 특별한 약을 꾸준히 맞아야 했는데 그 치료비가 무척 비쌌어요.
메시는 도와줄 후원자를 찾아봤지만 이 또한 쉽지 않았죠. 키가 작다는 이유로 메시는 아르헨티나에서 축구 선수로서의 꿈을 시작해 보지도 못할 뻔했어요.

리오넬 메시, 마라도나를 넘어서다

메시의 부모님은 절대 포기하지 않았어요.
메시와 부모님은 스페인으로 건너갔고,
13살이 된 메시는 'FC 바르셀로나'에서
입단 테스트를 받게 되었어요.
놀랍게도 그곳에서 메시는 의료 치료비
지원과 함께 첫 번째 프로 계약을 할 수 있었죠.
아르헨티나에서 '라 풀가', 즉 '벼룩'이라고 불리는 메시는
몸집은 작았지만 벼룩처럼 빠르고 통통 튀는 움직임으로
경기장 안팎에서 큰 성공을 거두었어요.
메시는 늘 겸손하면서도 이기고자 하는
강한 마음가짐으로 많은 사람들이 손꼽는 롤모델이 되었죠.
메시는 축구 역사상 가장 영광스러운 상인 '발롱도르'를
가장 많이 받은 선수가 되었답니다.

"네가 추리소설을 쓴다고?
절대 못 쓸걸!"

아가사 크리스티는
회고록에서 자신이 추리소설을
써보고 싶다고 말했을 때
언니 매지가 했던 말을 떠올려요.
아마도 언니 역시 작가였기 때문에
자매 사이의 경쟁심이
앞섰던 것 같아요.

아가사 크리스티
(1890-1976)

아가사 크리스티는 26살이었을 때 "좋은 추리소설을 한번 써보자!"고 마음먹었어요. 그때까지 그녀가 썼던 것은 몇 편의 단편 소설과 한 편의 로맨스 소설뿐이었죠. 이 계획을 가족 중 '진짜 작가'로 여겨지던 언니 매지에게 처음 말했을 때, 언니는 "추리소설은 너무 어려워서 너는 못 쓸 거야." 라고 말했어요. 하지만 크리스티는 이에 포기하지 않고 도전하여 첫 번째 추리소설인 《스타일즈 저택의 수수께끼》를 썼어요. 하지만 이 책은 처음에 6개의 출판사에서 거절당했고, 심지어 자신의 나라 영국에서도 무려 4년이나 지나서야 출간할 수 있었죠.

역사상 가장 많은 소설을 판매한 작가

《스타일즈 저택의 수수께끼》가 마침내 서점에 나오면서 세상은 놀라운 인물을 만나게 되었어요. 바로 근사한 콧수염을 지닌 명탐정 '에르큘 포와로'였죠. 포와로는 이후에도 아가사 크리스티의 많은 인기 작품에 등장하게 돼요. 크리스티가 확고한 명성을 얻게 된 것은 여섯 번째 작품 《로저 애크로이드 살인 사건》을 발표하고 나서였어요. 크리스티의 글쓰기 방식은 전통적인 추리소설의 틀을 완전히 바꾸어 놓았는데, 바로 독자들이 작품 속 단서를 따라 직접 추리를 해보도록 유도하는 것이었죠. 이런 방식으로 크리스티는 많은 사람들을 책 속으로 끌어들였고, '추리소설의 여왕'이라 불리며 사랑받았어요.

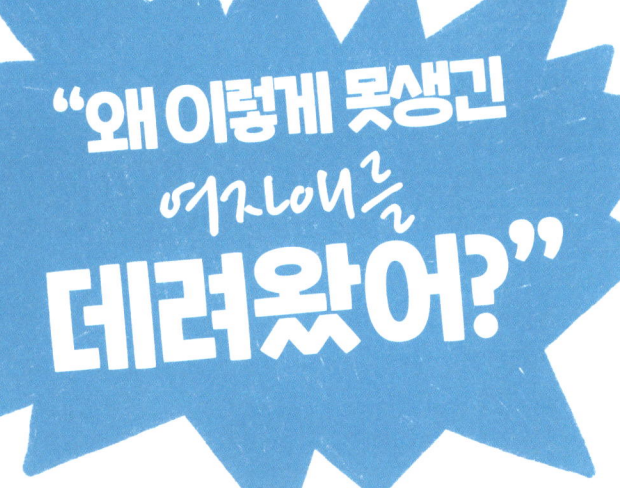

"왜 이렇게 못생긴 여자애를 데려왔어?"

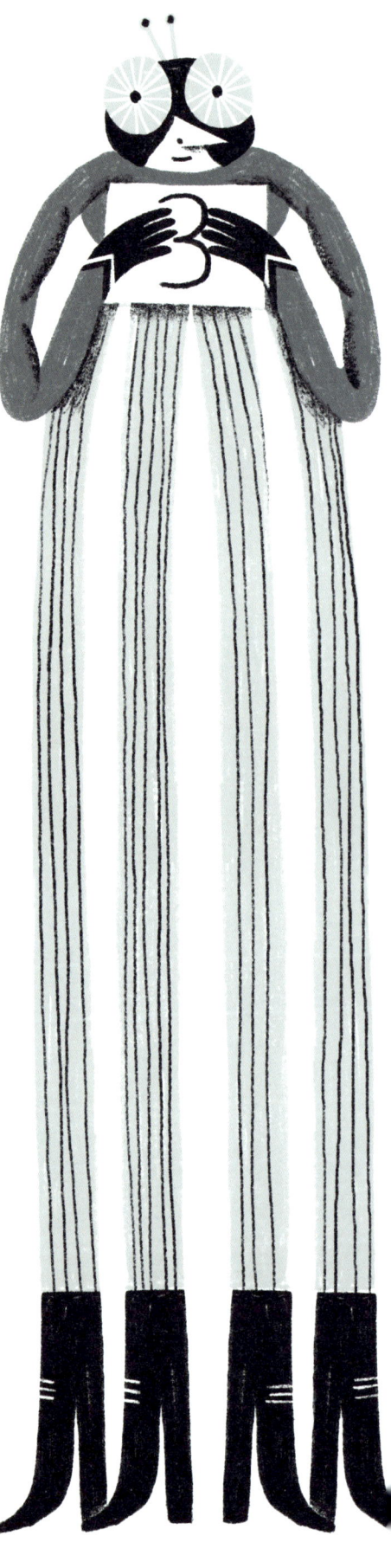

메릴 스트립은
늘 아름다움에 집착해 온
할리우드 영화 산업의
희생자였어요.
할리우드에서 그녀는
"왜 이렇게 못생긴 여자애를
데려왔어?"라는
말까지 들어야 했죠.

메릴  **스트립**
(1949)

많은 다른 여배우들처럼 메릴 스트립도 할리우드에서 차별과 여성에 대한 폭력을 겪어야 했어요. 배우로서 경력을 시작하던 초기에 할리우드 영화 《킹콩》(1976)의 오디션을 보러 갔을 때 일이에요. 그 영화의 유명한 이탈리아 제작자인 디노 데 라우렌티스는 메릴 스트립을 보자마자 그녀가 이탈리아어를 알아듣는 줄도 모르고, 그녀 앞에서 "왜 이렇게 못생긴 여자애를 데려왔어?"라고 이탈리아어로 물었죠. 메릴 스트립은 그때 그 말을 다 알아들었고, 용기를 내어 약간은 비꼬는 말투로 "킹콩이랑 연기하기에 제가 그만큼 예쁘지 않아서 죄송하네요."라고 대답했죠. 당당하게 자기 자신을 방어한 거예요.

 인정받고 존경받는 배우

할리우드가 원하는 '아름다움'의 기준에 맞지 않는다는 이유로 메릴 스트립은 많은 어려움을 겪었지만 자신만의 개성과 뛰어난 연기력으로 이겨냈죠. 결국 그녀는 40년 넘게 연기하면서 많은 성과를 이루었고, 대중에게 끝없는 찬사를 받았어요. 메릴 스트립은 영화계가 기대하는 모습이 아닌 자기 자신만의 모습으로 살아온 사람이에요. 그녀는 언제나 화려함보다는 진정성을 선택하며 살아왔답니다.

"넌 절대 가수로 성공하지 못할 거야!"

뮤지션 에디 본드는 자신의 밴드에
새로운 가수를 찾고 있었어요.
엘비스가 오디션에 참가했지만
본드는 엘비스의 노래를 듣고 나서
그에게 "트럭 운전을 계속하는 게
좋겠다."라고 조언했죠.
엘비스가 보컬로 성공할 가능성을
전혀 보지 못했던 거예요!

엘비스 프레슬리 (1935-1977)

엘비스는 11번째 생일에 자전거를 선물로 받을 거라 예상했지만
의외로 그는 기타를 선물로 받았어요. 학교에 기타를 들고 다니면
반 아이들은 그를 놀렸고, 고등학교에서는 음악 선생님이 엘비스에게
노래 재능이 없다고 말했죠. 엘비스는 여러 오디션에서도 재능 부족으로
떨어졌고, 절대 성공하지 못하니까 트럭 운전 일을 그만두지 말라는
조언까지 들어야 했어요.

로큰롤의 제왕

엘비스는 노래를 포기하지 않았고,
마침내 성공을 거뒀어요. 1954년 7월 어느 날,
겨우 19살이던 그는 밴드와 함께 처음으로 많은
관중 앞에서 공연을 하게 됐죠. 많은 사람들 앞에서
처음으로 연주하는 긴장감에 강렬한 리듬이
흘러나오자 엘비스는 격렬하게 다리를 흔들기 시작했어요.
특유의 엉덩이 움직임은 관중 속 여자아이들을 열광하게
만들었고, 그날 밤 20세기의 전설이 탄생했죠.
그만의 독특한 목소리와 멋진 댄스,
거기다 특징적인 앞머리 스타일로 엘비스는
음악계에 혁명을 일으켰고,
수백만 장의 음반을 팔아치우며
누구도 의심할 여지없는
'로큰롤의 제왕'으로 등극해요.

"남편의 연구를 가로챈 게 틀림없어!"

프랑스 과학 아카데미는
남성만으로 구성된 조직으로,
마리 퀴리가 회원으로 들어가려고 하자
입회를 반대했어요.
그 이유 중 하나는 그녀가
남편의 연구 성과를 빼앗은 것 아니냐는
의심 때문이었죠.

마리 **퀴리**
(1867-1934)

폴란드인 마리 퀴리의 '실수'는 남성 중심의 세상에 여성으로 태어난 것이었죠.
바르샤바 대학은 단지 여자라는 이유로 그녀의 입학을 거부했고,
마리는 프랑스 파리의 소르본 대학에 입학하기 전까지 폴란드에서
몰래 공부할 수밖에 없었어요. 소르본 대학에 입학한 후에
마리는 물리학과 수학을 공부하면서 훌륭한 과학 연구를 이어갔죠.
1903년에 그녀는 남편 피에르 퀴리와 앙리 베크렐과 함께 방사능에 대한 연구로
노벨 물리학상을 수상했어요. 처음에는 마리 퀴리의 이름이 여자라는 이유로
제외되었지만 남편 피에르는 아내와 함께 받지 않으면 상을 거부하겠다고 했고,
결국 공동으로 수상하게 되었죠. 그리고 1911년에는 그녀 혼자서 노벨 화학상을 받으며
두 개의 노벨상을 수상한 최초의 인물이 되었죠.

처음으로 노벨상을 받은 여성

마리 퀴리는 그 시대에
수많은 방해와 공격을 받았지만
그 어떤 것도 그녀의
눈부신 과학자의 길을 막지 못했어요.
굶주림과 추위 속에서도
과학에 대한 열정과 헌신으로
모든 어려움을 이겨냈죠.
마리의 연구는 물리학과 화학의 발전에
결정적인 역할을 했으며,
무엇보다도 마리는 많은 여성들에게
과학의 길을 열어준 선구자였어요.
마리 퀴리는 파리 소르본 대학의
첫 여성 교수이자 노벨상을 받은
첫 여성이었고, 물리학과 화학이라는
두 개의 다른 분야에서
노벨상을 받은 유일한 인물이었죠.

"춤 기술은 형편없고 제한적이야."

이사도라 던컨은
완전히 새로운 춤의
방식을 만들어냈어요.
그녀의 움직임은 너무도 자연스러워서
많은 비평가들은 그녀가 그냥
즉흥적으로 움직이는 것일 뿐이며
이사도라에게는 제대로 된
기술이 없다고 생각했죠.

이사도라 **던컨** (1877-1927)

이사도라는 미국 서부 해안에서 자랐어요. 이곳의 파도와 새들의 움직임에서
영감을 받아 이사도라는 아주 특별하고 새로운 춤을 만들어냈죠.
이 젊은 캘리포니아 출신 무용수는 20세기 초 엄격한 발레 전통을 과감히
깨뜨렸어요. 그녀는 토슈즈와 튀튀 드레스(발레 무용수가 입는 짧고 퍼진 형태의 스커트),
분홍색 타이즈, 단정한 머리모양 대신 맨발에 화장도 하지 않고
머리를 자연스럽게 풀고, 가볍고 흐르는 천으로 된 튜닉을 입고 무대에 올랐어요.
그렇게 그녀는 몸이 원하는 대로 자유롭게 춤을 췄죠.
하지만 처음 미국 무대에 올랐을 때는, 그녀의 신선하고 자유로운 스타일이
환영받지 못했어요. 다리까지 드러낸 채 낯선 동작으로 춤을 추는 모습에
놀란 관객들도 많았죠.

현대무용의 어머니

1899년에 21살이 된 이사도라 던컨은
새로운 기회를 찾아 가족과 함께 영국으로 떠났어요.
유럽 무대에서 이사도라는 특유의 독창성과 자유로운 예술성으로
관객들을 사로잡으면서 큰 성공을 거두었죠.
런던과 파리의 무대에서 펼쳐진 자연스러운 몸짓과 단순한
무대 연출은 많은 관객들의 마음을 움직였고, 공연이 끝난 뒤에는
감동의 박수가 끝없이 터져 나왔어요.
이사도라는 그 시대 가장 유명한 무용수이자
안무가로 자리매김하며 여러 나라에 무용단을 세웠어요.
몸을 감정의 도구로 사용해 자신을 표현한 이사도라는
오늘날 우리가 알고 있는 현대무용의 길을 처음으로
열어준 인물이 되었답니다.

"그는 위험한 미치광이야."

고흐의 친구였던 화가 폴 고갱은
어느 날 말다툼 끝에 고흐를
"위험한 미치광이"라고 불렀어요.
고흐는 정신 건강에 문제가 있었지만
그것이 그의 예술 활동을 막지는 못했죠.
오히려 그림은 그가 마음의 안정을 찾고
조금이나마 편안해지도록 도와주는
힘이 되었어요.

빈센트 **반 고흐**
(1853-1890)

빈센트 반 고흐는 세상에서 자신이 있어야 할 곳을 찾지 못한
사람이었어요. 네덜란드에서의 어린 시절은 슬프고 외로웠고,
성격도 점점 어두워졌죠. 고흐는 우울증, 불안, 양극성 장애로 인해
외롭고 고된 삶을 살았어요. 27살이 되어서야 그 안에 있던 예술가의
불꽃이 깨어났고, 그 후부터 이른 죽음까지 불과 10년 남짓한
기간 (1881~1890) 동안 고흐는 약 900점의 유화 작품을 그렸죠.
하지만 살아 있는 동안에는 단 몇 점밖에 팔리지 않았어요.
고흐는 37세에 생을 마감했기에 화가로서의 활동 기간도 매우 짧았어요.
네덜란드 화가였던 그는 시대를 엄청 앞서간 인물이었기에
고흐의 재능과 작품은 훨씬 시간이 지난 뒤에야 제대로
인정받을 수 있었죠.

죽은 뒤에야 빛을 본 화가

빈센트 반 고흐는 자신의 그림이
나중에 얼마나 유명해지고 사랑받게 될지
미처 알지 못한 채 세상을 떠났어요.
고흐는 빛과 색을 다루는
특별한 감각을 지니고 있었고,
굵고 힘 있는 붓터치로 자신만의 독특한
스타일을 만들어냈죠.
오늘날 그의 작품들은 전 세계에서
가장 가치 있고, 많은 사람들에게
사랑받는 그림들이 되었어요.
고흐는 19세기 후기 인상주의를 대표하는 작가로,
가장 독창적인 화가 중 한 명이에요.

앨리스 기 블라셰는 영화 역사상
최초의 여성 감독이에요.
또한 극영화를 최초로 제작한
선구자이기도 하죠.
앨리스가 이야기를 담은 영화를
만들겠다고 하자 뤼미에르 형제는
"그런 건 절대 성공하지 못할 거예요."라고
말했어요.

앨리스 기 블라셰 (1873-1968)

앨리스 기 블라셰가 파리에서 발명가이자 사업가인
레옹 고몽의 비서로 일하던 때가 '영화'라는 새로운
발명이 막 태동하던 시기였어요.
그 무렵의 영화는 시네마토그래프(영사기)를 발명한
뤼미에르 형제가 1905년에 촬영한 〈뤼미에르 공장에서
퇴근하는 노동자들〉처럼 실제 사건들만을 촬영하고
상영했죠. 이 초기 영화들을 본 앨리스는
'허구의 이야기로 영화를 만들 수 있지 않을까?'하는
생각을 떠올렸어요.
하지만 뤼미에르 형제는 그녀의 아이디어가
통할 리 없다고 말했고, 상사인 고몽도 같은 반응을
보였죠. 당시 그들에게 영화란 오로지 과학적이고
기록적인 목적만을 위한 도구였고, 상업적 가능성은
없다고 여겼기 때문이에요.

이야기 영화의 발명가

앨리스 기 블라셰의 첫 번째 영화인
〈양배추 요정 The Cabbage Fairy (1896)〉은
엄청난 성공을 거두었어요.
앨리스는 대중이 처음으로 꿈꿀 수 있게 해준
영화감독이자 시나리오 작가였죠.
앨리스는 혁신적인 기법을 도입해서
다양한 장르의 영화를 700편 이상 만들었어요.
그녀가 제작한 서부극, 코미디, 드라마는
할리우드 황금기의 시작을 알리는 중요한 작품들이었죠.
하지만 결혼 후에는 프랑스를 떠나 가정에
전념하기 위해 한동안 영화계를 떠나야 했고,
비록 나중에 다시 돌아와서 영화 스튜디오까지
설립했지만, 시간이 지나면서 결국 그 스튜디오를
경매에 넘겨야 했죠.
앨리스는 안타깝게도 살아있는 동안
자신이 이룬 놀라운 성취에 걸맞은 인정을
받지 못한 채 세상을 떠났어요.

"네 자리는
주니어 팀이야!"

고등학교 때
마이클 조던은
키가 너무 작고 경험이
부족하다는 이유로
시니어 농구팀에
들어가지 못했어요.

마이클 **조던**
(1963)

마이클 조던이 16살이었던 1978년에 조던은 미국 노스캐롤라이나주 윌밍턴에 있는 레이니 고등학교 농구부 선발 테스트에 참가했어요. 하지만 시니어 팀에는 단 15명만 뽑히는 상황이었고, 조던은 당시 키가 1.78m밖에 되지 않아(훗날 1.98m까지 자라게 되지만), 가능성 있는 플레이를 보여줬음에도 불구하고 최종 명단에서 탈락하고 말았죠. 락커룸에 붙은 선수 명단 어디에도 '마이클 조던'의 이름은 없었어요. 코치는 조던이 선수로서 성장할 시간을 가질 수 있도록 시니어 팀 대신 주니어 팀에 배정했죠.

역사상 최고의 농구 선수

마이클 조던은 그 탈락을 오히려 도전으로 받아들였어요. 주니어 팀에서 뛸 때도 포기하지 않고 매일 훈련에 몰두했죠. 포기하고 싶을 때마다 그는 락커룸에 붙어 있던 그 명단을 떠올리며 다시 마음을 다잡았어요. 세월이 흐른 후, 거대한 손을 가진 그 소년은 NBA 무대에서 눈부신 활약을 펼쳤고, 여러 경기에서 40점 이상을 기록하며 농구계를 사로잡았어요. 코트에서도, 공중에서도 압도적인 실력을 보여준 조던은 승리에 대한 집념과 팀을 이끄는 리더십으로 시카고 불스를 이끌며 '역사상 최고의 농구 선수'라는 자리에 올랐죠.

"저 조각들 르땡 선생님 작품 아니야?"

여성이었다는 이유만으로
많은 사람들은
카미유 클로델이 만든
놀라운 조각 작품들이 정말
그녀가 만든 작품인지
의심했어요.

카미유 클로델 (1864-1943)

어릴 때부터 카미유 클로델은 진흙을 빚는 데 남다른
재능을 보였어요. 예술가가 되기로 결심한 그녀는
여성도 받아주는 몇 안 되는 예술학교 중 하나인 파리의
명문 콜라로시 아카데미에 입학했죠. 거기서 그녀는
유명한 조각가 오귀스트 로댕을 만났어요.
로댕은 그녀의 작품에 매료되었고, 자신의 작업실에서
함께 일하자고 제안했죠. 그리하여 카미유는 로댕의
모델이자 제자, 조수 그리고 연인이 되었답니다.
하지만 그곳 작업실에서 유일한 여성이었던 그녀는
수많은 농담과 무시하는 말을 들어야 했어요.
심지어 그녀가 만든 조각들을 보고 "이건 로댕이
만든 거겠지!"라고 말하는 사람들도 있었죠.
사람들은 '여자'가 그렇게 훌륭한 작품을
만들었을 리 없다고 생각했어요.

**로댕의 그림자에
가려졌던 예술가**

카미유 클로델은 로댕의 작업실에서
동료들의 존경과 인정을 받으며 10년 넘게
자신의 예술적 재능을 증명했어요.
하지만 언제나 자신의 작품에 드리운
'로댕의 그림자'에 지쳐 갔고,
결국 독립을 결심했죠.
자유롭게 작품 활동을 이어가려 했지만
홀로서기는 순탄하지 않았어요.
카미유는 여러 전시회에 참가하며
예술 활동을 계속했지만 점점 가난해졌고,
그녀의 작품은 정당한 평가를
받지 못한 채 잊혔어요.
세상이 그녀의 작품에 보인 부당함에
그녀는 서서히 무너졌고,
결국 가족에 의해 정신병원에 강제로
입원당하고 말았죠.
당시 사회는 여성에게
예술보다 가정을 요구했고,
카미유는 조각에 바친 열정의 대가로
너무 큰 희생을 치러야 했어요.

"너무 유럽적이고
혁신적이잖아."

안나 윈투어가 《하퍼스 바자》에 편집자로 입사한 지
얼마 되지 않아 해고된 이유는 그녀가 너무 유럽적이고
혁신적이라는 이유였어요. 안나는 시대를 앞서는
아이디어와 감각을 지니고 있었지만 당시의 상사들에게는
두려움이었죠.

안나 **윈투어**
(1949)

어렸을 때 안나 윈투어는 학교의 복장 규정을 어기고 치맛단을 몰래 잘라내며
반항심을 드러냈어요. 15살에 이미 런던의 유명한 의류 매장 '비바Biba'에서
일하기 시작했고, 학교를 그만두고는 '해러즈Harrods' 백화점에서 일하면서
패션 수업을 들었죠.
얼마 지나지 않아 안나는 잡지《하퍼스 앤 퀸Harper's & Queen》의 편집 보조로
일하게 되었고, 누구보다 앞선 패션 감각을 보여주었죠.
더 넓은 무대를 꿈꾸며 뉴욕으로 건너간 안나는《하퍼스 바자Harper's Bazaar》의
주니어 에디터가 되었지만, 9개월 만에 해고당하고 말아요.
편집장은 안나의 아이디어가 너무 과하다고 생각했기 때문이었죠.
결정적인 계기는 파리 패션을 소개하는 화보에 레게 머리를 한 모델들을
기용했기 때문이었어요.

패션의 대가

안나 윈투어는 낙담하지 않았고
자신만의 비전과 스타일을
지켜나갔어요. 1983년에 안나는
미국의 전통 있는 패션 잡지
《보그Vogue》에서 일하기 시작했고,
1988년부터 편집장 자리에 올라
《보그》를 업계에서 가장
영향력 있는 잡지로 만들었죠.
그동안 그녀가 기획한 수많은 표지는 패션계에
지울 수 없는 흔적을 남겼어요.
한편, 안나는 소설《악마는 프라다를 입는다》가
출간되면서 더 큰 유명세를 얻게 되었어요.
이 작품의 주인공은 공식적으로
밝혀지지는 않았지만,
안나를 모델로 한 작품으로 알려졌죠.

"성적이 낮아서 우리 대학에 들어올 수 없어."

스티븐 스필버그는 서던 캘리포니아 대학교
영화예술학교에 입학하고 싶었지만
고등학교 성적이 좋지 않아 거절당했어요.
그 학교는 매우 명망이 높았고,
스필버그는 입학할 수 없었죠.

스티븐 스필버그 (1946)

젊은 스필버그는 학교에서 배우는 것에는 전혀 흥미가 없었어요.
스필버그가 진심으로 사랑했던 것은 '영화'였죠. 아직 십대였던
그는 아버지의 카메라를 들고 자신만의 홈무비를 찍기 시작했어요.
명문인 서던 캘리포니아 대학교 영화예술학교에 입학하려고
했을 때는 학업 성적이 낮다는 이유로 한 번이 아니라
여러 번 문전박대를 당했죠. 결국 스필버그는 명성이 덜한
학교에 입학했지만 끝내 학업을 마치지 않고 자퇴했어요.
영화에 대한 열정 하나만으로 스필버그는 할리우드에서
자기만의 길을 찾기로 결심했죠.

〈죠스〉, 〈인디아나 존스〉,
〈E.T.〉의 감독

1960년대에
스필버그는 첫 단편 영화와
TV 시리즈 에피소드들
그리고 TV 영화들을 제작하며
뛰어난 영화감독으로서의
명성을 쌓아 갔어요.
1975년에는 〈죠스〉라는 대작을 맡을
기회를 얻었고, 이 영화는 큰 성공을 거두었죠.
그 이후로 스필버그는 영화 역사상
가장 기억에 남고 흥행에 성공한 작품들을
계속해서 선보였어요.
감독, 프로듀서, 각본가로서
〈인디아나 존스〉 시리즈, 〈E.T.〉,
〈쥬라기 공원〉, 〈백 투 더 퓨처〉 등
수많은 명작을 만들었죠.
스필버그는 우리를 숨 막히게 만드는
이야기의 마법사로
대형 스크린에서 밝혀지는
감동을 계속해서 다시
느끼고 싶게 만들었어요.

"여자에게는 너무나 힘들고 지치는 경기야."

알폰시나 스트라다는
유명한 '지로 디 이탈리아'에
출전한 최초의 여성 사이클 선수예요.
대회 조직위는 여성의 출전을 굳이
금지하지는 않았죠.
너무나 힘들고 고된 레이스였기 때문에
여성이 도전할 거라고는 아무도 생각하지
않았던 거예요.

알폰시나 **스트라다**
(1891-1959)

알폰시나는 볼로냐 근처의 카스텔프랑코 에밀리아라는 마을에서 10살 때 자전거 타는 법을 배웠고, 13살 때 첫 대회에서 우승을 차지했어요. 하지만 그 시절에 여성이 자전거 경기에 출전하는 것은 허용되지 않았기 때문에 알폰시나는 재봉사로 일해야 했어요. 그러다 1924년에 알폰시나는 이탈리아의 대표적인 자전거 경주인 '지로 디 이탈리아'에 참가하는 등록에 성공했어요. 규정상 여성의 출전을 금지하지 않았기 때문이었죠. 알폰시나는 72번 번호표를 달고 남자들 사이에서 유일하게 경기에 나설 수 있었어요. 초반 며칠은 잘 버텼지만, 중반 이후 많은 남성 참가자들과 함께 그녀도 낙차(자전거 탑승자가 차량에서 떨어져 지면에 추락하는 사고)를 당했고, 극심한 기후 속에서 힘겨운 경기를 이어갔죠. 알폰시나가 결승선에 도착했을 때는 이미 심판 통제가 마감된 상태였고, 결국 그녀는 실격 처리되고 말았어요.

'지로 디 이탈리아'에 공식 출전한 유일한 여성

언론에서는 알폰시나를 "페달의 여왕" 또는 "치마 입은 악마"라고 불렀지만 알폰시나는 '지로'에서 탈락한 뒤에도 포기하지 않았어요. 공식 참가자 자격은 잃었지만 대회가 끝날 때까지 비공식적으로 계속해서 레이스를 달렸죠. 특히 그해 '지로'는 유난히 험난했는데, 출전한 90명 참가자 가운데 모든 구간을 완주한 사람은 알폰시나를 포함해 단 30명뿐이었어요. 알폰시나는 팬들의 열렬한 응원을 받으며 큰 인기를 얻었고, '지로 디 이탈리아'에 공식 출전한 첫 번째이자 유일한 여성이 되었어요. 왜냐하면 이듬해부터 대회 주최 측은 여성 참가를 금지했기 때문이죠.

"너는 상상력이 부족하고, 좋은 아이디어도 없어."

월트 디즈니는 상상력이 부족하고
아이디어도 없다는 부정적인 말을 들었어도
자신의 창조적인 본능을 계속 따랐어요.
그의 좌우명은 "쉬려고 잠을 자지 말고,
꿈꾸기 위해 잠들어라.
꿈은 이루어지라고 있는 거니까!"였기
때문이죠.

월트 **디즈니**
(1901-1966)

미국의 가난한 농부 가정에서 태어난 월트 디즈니가
어렸을 때부터 열정을 쏟아 부었던 것은 만화
그리기였어요. 그는 매일 몇 시간씩 그림을 그리고,
만화를 따라 그리고, 색칠하기를 반복했죠.
이후 월트 디즈니는 미술 수업을 듣기 시작했고,
시카고 미술 아카데미에 등록했어요.
그러면서 동시에 신문사에서 만화가로 일하기
시작했죠. 하지만 1919년에 그는 상상력과 창의력이
부족하다는 이유로 해고당하고 말았어요.

꿈을 포기하지 않은 그림 작가

월트 디즈니는 수줍음이 많은 완벽주의자였지만
그 힘든 경험에 굴복하여 꿈을 포기하지 않았어요.
여러 애니메이션 스튜디오에서 일한 뒤,
1923년에 형 로이와 함께
'디즈니 형제 만화 스튜디오'를 세웠어요.
이 회사는 곧 '미키 마우스'라는 캐릭터로
첫 번째 큰 성공을 거두었고, 월트 디즈니는
빠르게 애니메이션의 대가로 인정받게 되었죠.
월트 디즈니는 이후 수많은 상을 받았고,
1955년에는 멋진 꿈의 공장인
'디즈니랜드'의 문을 열었어요.
그곳은 지금도 많은 사람들의 꿈과 상상력을
자극하는 마법 같은 공간으로 꾸준히
사랑받고 있답니다.

블루스 가수 재니스 조플린은 흑인들과
어울린다는 이유로, 또 당시의 '미'와
'여성성'의 기준에서 벗어났다는 이유로
자주 모욕을 당했어요.

재니스가 태어난 1943년 텍사스에서 여성은 여성스럽고 완벽해야
하며, 가정에 전념하는 것이 당연한 것이었어요.
재니스는 조금은 덜 다듬어진 듯한 외모와 비범한 성격을 가진
소녀였고, 어린 시절은 그리 행복하지 않았죠. 흑인 가수들의 목소리를
좋아하던 그녀의 음악 취향은 인종 차별이 만연하던 미국 남부의
분위기와 충돌했고, 친구들로부터 외모 때문에 놀림을 받거나
'흑인의 친구'라며 손가락질을 받기도 했어요.
보수적인 텍사스에서 재니스의 젊은 시절은 결코 순탄하지 않았죠.
결국 1963년에 재니스는 음악에 전념하기 위해 학업을 중단했어요.

재니스 **조플린**
(1943-1970)

백인 블루스 여제

반항아 재니스는 당시의 사회적 규범이나 '미'의 이상에 굴복하지 않고,
블루스 가수로서 거침없는 길을 걸어 나갔어요.
재니스의 노래 가사와 음악 그리고 무엇보다도 독특하고
거친 목소리는 20세기 1960년대 청년들의 마음을 사로잡았어요.
그녀의 음악은 더 나은 세상과 더 자유로운 세상을 외치는
목소리였고, 사회적 부조리에 맞서 싸우며
전쟁의 종식을 요구한 히피 운동의 상징이었어요.

"당신 아들은 너무 산만하고 멍청한 거 같아요."

에디슨의 선생님은 에디슨이
항상 산만하고 배울 의지가
없다고 생각했어요.
아주 엄격한 선생님이었던 그는
에디슨이 멍청한 것 같다고
그의 어머니에게 말했어요.

토머스 에디슨
(1847-1931)

에디슨은 학교생활이 잘 맞지 않았어요. 학교에서 과잉 행동을 하기도 하고, 수업에 집중하기 어려웠는데, 아마도 약간의 난청이 있었기 때문일 거예요. 수업 시간에 외워야 하는 것이 많아 상상력이 풍부하고 호기심 많은 에디슨은 자주 지루해했어요. 선생님은 에디슨이 다루기 어렵고, 수업에 집중하지 못하는 멍청한 아이라고 생각했어요. 하지만 에디슨의 어머니는 아들의 능력을 믿었죠. 그래서 학교에서 그를 데려와 직접 가르치기 시작했어요. 집에서 공부하자 에디슨은 훨씬 잘 했고, 10살 때는 지하실에 자신의 첫 실험실도 꾸렸어요. 곧 철도 회사에서 전보 기사로 일하게 되었지만 에디슨은 발명가가 되고 싶었어요. 1868년에 만들었던 의회용 전기 투표기는 그의 첫 발명품이었지만, 거절당했어요.

세상을 바꾼 발명가

토머스 에디슨은 항상 기존의 틀에 도전했어요. 학교 공부에는 관심이 없었고, 직접 실험을 통해서 새로운 것을 발견하곤 했죠. 새로운 발명을 하는 것이 에디슨에게는 재미있는 일이었어요. 에디슨은 끈기 있고 지치지 않는 성격으로, 어떤 일이 잘 안 풀려도 절대 포기하지 않았죠. 에디슨은 미국에서 1,000개가 넘는 특허를 등록했어요. 그중에서도 소리를 녹음하고 재생할 수 있는 축음기, 현대적인 전구 그리고 초기 영화 촬영기인 키네토그래프가 특히 유명해요. 에디슨의 발명품 덕분에 우리가 사는 세상은 훨씬 더 편리하고, 밝고, 무엇보다 즐거운 곳이 되었어요.

"너는 뚱뚱한 여자 역할만 맡게 될 거야!"

케이트 윈슬렛이 아직 10대였을 때,
연극 선생님 중 한 명은 케이트가 결국
뚱뚱한 여자 역할만 맡게 될 거라고 말했다고 해요.

케이트 윈슬렛
(1975)

어릴 적에 케이트는 통통한 편이었고, 학교에서는 "지방 덩어리"라는 놀림을 받았어요. 영국에서 연기자로 첫발을 내디딜 때도 연기 선생님들은 케이트가 과체중이라는 점을 여러 방식으로 지적했죠. 1990년대 유럽은 뼈가 드러날 정도로 마른 몸을 아름다움의 기준으로 여겼고, 케이트는 이런 이상적인 이미지에 들어맞지 않았죠. 케이트는 많은 연극에 출연하기는 했지만 외모 때문에 주연을 맡는 일은 없었어요. 배우 오디션에서도 "우리가 찾는 타입이 아니에요."라는 말을 들으며 번번이 거절당했죠.

콤플렉스 없는 영화 스타

모두의 예상을 깨고, 1997년에 케이트 윈슬렛은 영화 〈타이타닉〉에서 레오나르도 디카프리오와 함께 주연을 맡으며 전 세계적인 스타가 되었어요. 〈타이타닉〉은 영화사에서 손꼽히는 흥행작이 되었지만 케이트는 그 성공의 대가로 대중의 관심과 외모에 대한 비판을 감내해야 했죠. 특히 케이트의 몸매는 끊임없는 화제가 되었고, 영화사들은 케이트의 매니저에게 전화를 걸어 체중을 묻기까지 했어요. 하지만 케이트는 이런 시련에도 굴복하지 않고, 뛰어난 연기력으로 자신만의 입지를 굳혀갔어요. 오늘날 그녀는 '바디 포지티브Body Positive' 운동의 적극적인 지지자인데, 이 운동은 우리 몸을 있는 그대로 받아들이는 것을 지지해요. 케이트 윈슬렛은 우리에게 있는 그대로의 몸도 충분히 아름답고, 그것을 부끄러워할 이유는 없다고 당당히 말하고 있어요.

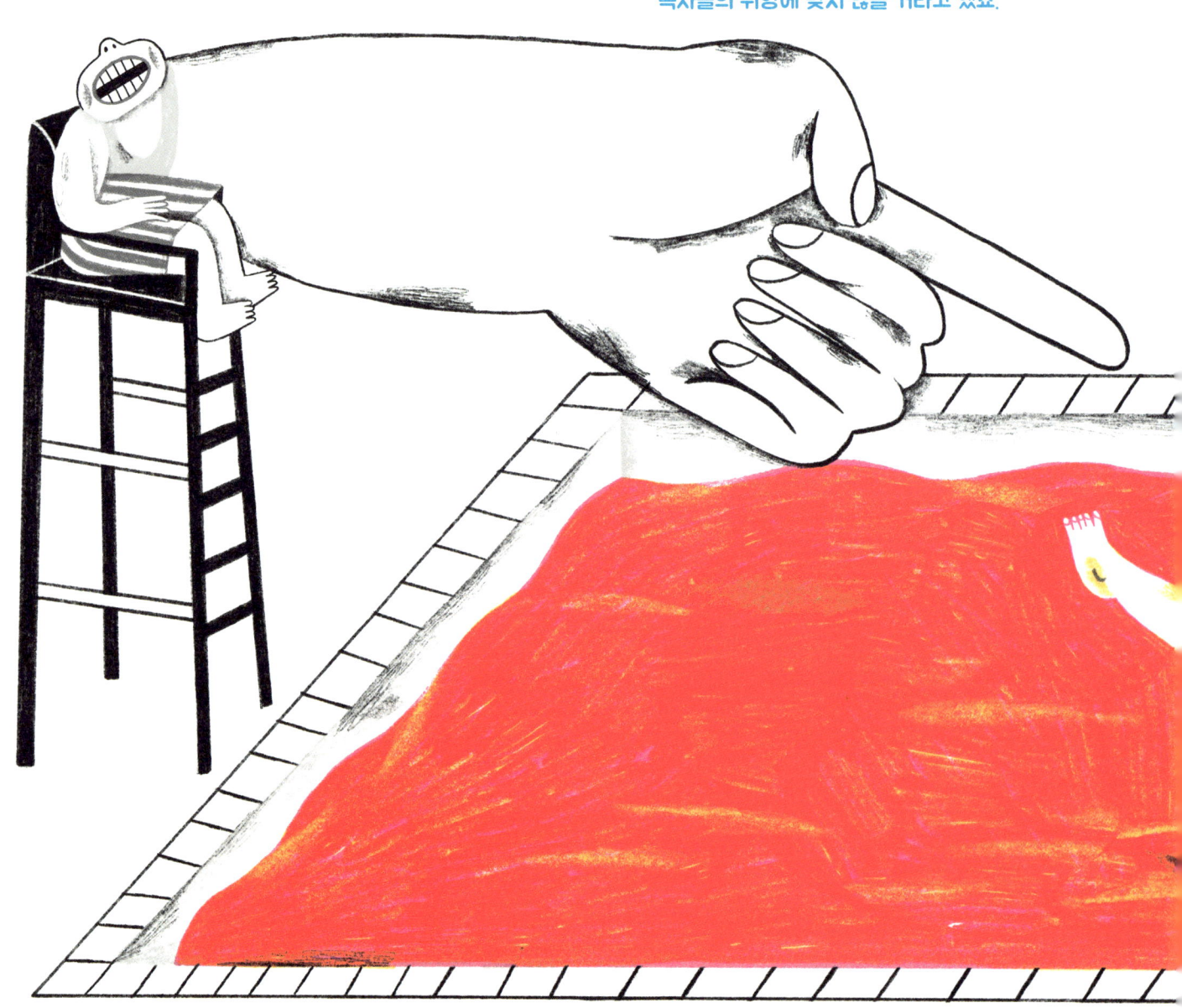

"이런 소설을 좋아할 사람은 없어요."

"전혀 팔리지 않을 거예요!!"

공포 소설가 스티븐 킹은
처음 책을 출간하려 했을 때 번번이 실패했어요.
출판사들은 그의 작품이 너무 무섭다며
독자들의 취향에 맞지 않을 거라고 했죠.

스티븐 킹 (1947)

미국의 베스트셀러 작가 스티븐 킹이 소설가로서 힘든 시작을 했다는 사실은 잘 알려지지
않았어요. 경제적인 어려움은 그를 오래도록 힘들게 했고, 결국 네 번째 소설 《캐리》를 통해서야
비로소 세상에 소설가로서 이름을 알릴 수 있었죠. 사실 킹은 이 소설을 포기하려고 했어요.
《캐리》의 가장 유명한 장면 중 하나를 쓴 원고를 쓰레기통에 버리기까지 했죠.
하지만 그의 아내이자 역시 작가였던 타비사 스프루스가 그 원고를 주워 다시 써보라고 격려했고,
덕분에 《캐리》가 완성될 수 있었죠.
1974년 출간 전까지 《캐리》는 많은 출판사로부터 거절당했어요. 내용이 너무 무섭고 대중에게는
통하지 않을 거라는 이유에서였죠. 그러나 끝내 미국의 출판사 '더블데이Doubleday'가
출판을 결심하면서, 스티븐 킹의 이름이 전 세계 독자들에게 알려지게 되었어요.

**세계에서 가장 많이 읽히는
공포와 판타지 소설 작가**

《캐리》는 대성공을 거두었어요. 주인공은
학교에 잘 어울리지 못하는 고등학생이었는데
자신에게 초능력이 있다는 사실을 알게 되죠.
킹은 복잡한 내면을 지닌 인물들, 소름 끼치는 배경 그리고
긴장감을 조성하는 뛰어난 솜씨로 전 세계 독자들을
사로잡았어요. 그의 작품은 유령과 뱀파이어부터
초자연적인 힘과 대체 차원에 이르기까지 공포와 미스터리를
불러일으킬 수 있는 모든 주제를 다루었어요.
지금까지 60편이 넘는 장편소설을 출간했으며,
세계에서 가장 많은 독자를 가진 작가 중 한 명이에요.

"디자인이랑 기술에만 집착하고 사업은 뒷전이에요."

스티브 잡스는 자신이
세운 회사에서 해고당했어요.
애플은 그의 혁신적인
접근 방식을 받아들이기보다
수익을 우선하기로
결정한 거죠.

스티브 **잡스** (1955-2011)

20살이던 1976년에 스티브 잡스는 친구 스티브 워즈니악과 함께 '애플'이라는 회사를 설립했어요. 두 사람은 차고에서 모든 사람이 쉽게 사용할 수 있는 작고 간편한 첫 번째 컴퓨터를 직접 만들었죠. 처음에는 여러 번의 좌절도 겪었지만 애플은 점차 기술 분야의 거대 기업이 되었어요. 하지만 혁신과 완벽함을 추구하던 잡스가 지닌 미래 지향적 완벽주의 성격은 경제적 이익을 최우선으로 하던 애플의 이사회와 충돌했어요. 이러한 불일치로 인해 결국 1985년에 잡스는 자신이 직접 만든 회사에서 쫓겨나는 일을 겪게 되었죠.

기술의 미래를 내다본 사람

스티브 잡스의 해고는 개인적으로는 큰 실패로 여겨졌어요. 하지만 그는 실망에 무너지지 않았고, 시간이 지나 새롭게 '넥스트NeXT'라는 회사를 설립했어요. 또 훗날 '픽사Pixar'가 되는 회사를 인수해서 〈토이 스토리〉 같은 작품으로 세계 최고의 애니메이션 스튜디오로 키웠죠. 스티브 잡스가 세운 넥스트는 나중에 애플에 인수되었고, 잡스는 자신의 옛 회사로 화려하게 복귀했어요. 잡스가 없는 동안 애플은 점점 침체되었지만, 창립자의 귀환과 함께 다시 기술과 디자인 산업을 이끄는 선두주자가 되었죠.

"경기에서 당장 나가고 등번호도 돌려줘!"

캐서린 스위처가 처음으로
보스턴 마라톤에 출전했을 때였어요.
경기 도중, 한 남성 조직위원이 달려와
등번호를 억지로 떼어내고 소리를 지르며
그녀를 경기장에서 쫓아내려고 했죠.
그저 '여성'이라는 이유만으로요!

캐서린 스위처
(1947)

캐서린은 12살 때 달리기를 시작했어요.
말랐고 자신감도 없던 소녀였지만 달릴 때만큼은
힘이 넘쳤죠. 20살이 된 1967년에 캐서린은 권위 있는
'보스턴 마라톤'에 출전했어요. 당시 규정에 여성 출전을
금지하는 조항은 없었지만, 여성의 건강에 해롭다는 이유로
사회적으로는 배제되고 있었죠. 신청할 때 캐서린은
평소처럼 이름을 이니셜인 'K. V. Switzer'로만 적었고,
그 덕에 아무도 그녀가 여자인 줄 몰랐어요.
경기가 시작된 지 얼마 지나지 않아 한 대회 관계자가 그녀를
발견하고는 고함을 치고 밀치면서 캐서린에게 당장 경기를
포기할 것을 요구했어요. 캐서린은 이에 저항했고, 함께 뛰던
다른 참가자들과 남자친구가 그녀를 보호하며 결승선까지
함께 달렸죠. 결국 완주에는 성공했지만 캐서린은 경기에서
실격 처리되었어요.

등번호를 달고 뛴 최초의 여성 마라토너

캐서린 스위처는 공식적으로 등록해
마라톤을 완주한 최초의 여성이에요.
그보다 1년 전에 로버타 깁도 이 대회를 완주했지만
여성이라는 이유로 등번호 없이 출전해야 했죠.
이 두 사람은 42.195㎞라는 거리도 여성의 건강에
해롭지 않다는 것을 온몸으로 증명했어요.
캐서린이 달았던 261번 등번호는 오늘날 스포츠에서
'성평등'을 상징하는 번호로 남아 있어요.
그로부터 5년 뒤, 보스턴 마라톤은 여성의 참가를
공식 허용했고, 1984년에는 올림픽에서도
여성 마라톤 종목이 처음으로 열리게 되었죠.
캐서린은 지금도 스포츠 평등을 위해
활발히 활동하고 있어요.

"

내 성공으로 나를 판단하지 마세요.
내가 얼마나 많이 넘어졌고,
다시 일어섰는지를 보고 판단하세요.

"

- 넬슨 만델라 -

할 수 없어?
난 할 수 있어!

1판 1쇄 인쇄 2025년 9월 5일
1판 1쇄 발행 2025년 9월 30일

지은이 솔레다드 로메로
그린이 알리체 피아지오
옮긴이 김정한
펴낸이 여종욱

책임편집 최지향 **디자인** NURi

펴낸곳 도서출판 이터
출판등록 제2016-000148호
주 소 인천시 중구 은하수로 436
전 화 032-746-7213 **팩 스** 032-751-7214
이메일 nuri7213@nate.com

한국어 판권 ⓒ 이터, 2025. Printed in Korea.

ISBN 979-11-89436-53-7 (73300)
책값 14,000원

놀이터는 이터의 어린이 출판 브랜드입니다.